A. Desde

Alte Fehler und neue Erfahrungen in der Kartoffelkultur

A. Desde

Alte Fehler und neue Erfahrungen in der Kartoffelkultur

ISBN/EAN: 9783743380325

Hergestellt in Europa, USA, Kanada, Australien, Japan

Cover: Foto ©Andreas Hilbeck / pixelio.de

Manufactured and distributed by brebook publishing software (www.brebook.com)

A. Desde

Alte Fehler und neue Erfahrungen in der Kartoffelkultur

Alte Fehler und neue Erfahrungen

in der

Kartoffelkultur.

Ein

nützliches Büchlein für Jeden, der Kartoffeln baut, reiche Ernten von denselben erzielen und der Kartoffelkrankheit vorbeugen will.

Von

A. Desde,
prakt. Landwirth.

Weimar, 1866.

Bernhard Friedrich Voigt.

Vorwort.

Wer in diesen wenigen Bogen eine bis ins Kleine gehende Anleitung zur Kartoffelkultur erwartet, täuscht sich; solcher Anleitungen giebt es gar viele und der Verfasser hat nicht Lust, die Menge der vorhandenen noch um eine zu vermehren.

Wer sich aber mit dem Neuesten und Bewährtesten, was die Wissenschaft und Praxis auf dem Gebiete der Kartoffelkultur gefunden haben und in landwirthschaftlichen Vereinen von sachkundigen Persönlichkeiten debattirt und festgestellt worden ist, bekannt machen will: der wird in diesem Schriftchen beides finden, denn es ist unter Zugrundelegung der erprobtesten, neuesten Erfahrungen und unter steter

Berücksichtigung der belangreichsten wissenschaftlichen Forschungen der Neuzeit ausgearbeitet worden. Und von diesem Gesichtspunkte aus bittet der Verfasser das Schriftchen zu beurtheilen.

Der Verfasser.

Inhaltsverzeichniß.

	Seite
Vorwort	III
I. Vom Saatgute	1
Von den am meisten vorkommenden Fehlgriffen bei der Auswahl des Saatgutes. — Das Abkeimen. — Vortheilhaftes Vorbereiten der Saatkartoffeln. — Das Abwelken derselben. — Das Legen mit nur einem Auge. — Einfluß des specifischen Gewichts der Saatkartoffeln auf Quantität und Qualität des Ertrags	5 — 9
II. Vom Legen der Saatkartoffeln	10
III. Von der Düngung des Kartoffellandes	12
Mit Stallmist. — Mit Kalisalzen. — Mit Mengedünger. — Mit Asche	12 — 15
IV. Vom Standort und der Bearbeitung desselben	17
V. Ueber den Einfluß des Abschneidens des Kartoffelkrautes auf den Ertrag	21
VI. Fehler bei der Ernte der Kartoffeln	24

		Seite
VII	Von der Aufbewahrung der geernteten Kartoffeln	25
VIII.	Kennzeichen für den Stärkegehalt der Kartoffeln	27
IX.	Benutzung der kranken Kartoffeln	—
X.	Welche Behandlung ist dem Acker zu geben, wenn er nach Kartoffeln Wintergetreide tragen soll?	29
XI.	Einige erprobte Fruchtfolgen für Kartoffeln aus der Fruchtwechselwirthschaft	31
XII.	Notizen über das Verhalten einiger Kartoffelsorten gegenüber der Krankheit	32

1. Vom Saatgute.

a) **Von den am meisten vorkommenden Fehlgriffen bei der Auswahl des Saatgutes.**

Von noch gar vielen Lanwirthen wird dem so überaus wichtigen Kartoffelbau nicht diejenige Aufmerksamkeit geschenkt, welche derselbe verdient und welche der Landwirth auf andere Feldfrüchte verwendet. Und doch ist die Kartoffel eine dankbare Frucht und vergilt die auf sie verwandte Mühe und Sorgfalt durch reiche E..aten. Namentlich wird bei keiner anderen Feldfrucht in der Auswahl des Samengutes noch so fehlgegriffen und unverständig gehandelt, als wie gerade bei der Kartoffel. Während man z. B. bei den Getreidearten mit größter Sorgfalt nur die reifsten und schwersten Körner, den sogenannten Vorsprung zum Samen wählt und bei den Hülsenfrüchten sogar das Saatgut sorgfältig verlesen läßt, um sich eine gute Ernte zu sichern, verfährt man bei der Kartoffel gerade umgekehrt. Man nimmt nicht die besten, reifsten und ganzen Kartoffeln zum Samen: nein, die Einen nehmen zur Aussaat nur kleine und unreife Kartoffeln, mithin die schlechtesten; Andere platten und schneiden sie sogar in Stücke; noch Andere wählen zum Samen nur ein einziges ausgestochenes Keimauge der ganzen Knolle.

Es gehört in der That eine unbegreifliche Kurzsichtigkeit dazu, von solchem Saatgute eine reiche Ernte zu hoffen, denn es läßt sich mit dem schlichtesten Verstande begreifen, daß eine kräftige Pflanze nur aus einer vollkommen reifen, vollkommen ausgebildeten und ganzen Knolle hervorgeht. Die kleine Kartoffel ist, wie jeder Landwirth weiß, später zur Welt gekommen; sie hat deshalb nur eine unvollkommene Ausbildung erlangt; sie enthält mehr Wassertheile als die vollkommen ausgebildete Knolle und ist deshalb schon unfähiger, sich bis zum Frühjahr so zu halten, daß sie zur Saat brauchbar bleibt und ein gutes Saatgut abgiebt. Ganze Reihen solcher unreifen und unvollkommen ausgebildeten Samenkartoffeln gehen dann nicht auf, weil sie, äußerlich noch gesund scheinend, oft kaum die Kraft haben, einen Keim zu entwickeln.

Die kräftige Entwickelung des Keimes ist aber die erste Bedingung zur Bildung einer gesunden Pflanze und die Natur hat im Ei, im Samenkorn und ebenso auch im Knollen der Kartoffel für die Mittel zur Entfaltung und zur ersten Ernährung des jungen Lebens so lange gesorgt, bis es so weit ausgebildet ist, um durch seine eigene Thätigkeit sich Nahrungsstoffe anzueignen, wenn solche sich seinen noch schwachen Organen auf irgend eine Weise darbieten. Hieraus erhellet, wie falsch und nachtheilig es ist, wenn die Samenkartoffel in zwei oder noch mehr Stücke zerschnitten wird oder auch nur ein Abschnitt des Keimkopfes zur Fortpflanzung genommen und der übrige Theil zum Viehfutter benutzt wird oder wenn sogar blos die Keimaugen ausgestochen und gelegt werden.

Bei solchem Verfahren werden die Naturgesetze verletzt, denn der Körper der Samen (Mutter=) Kartoffel ist augenscheinlich dazu bestimmt, mittels seiner Bestandtheile die Keime des jungen Lebens kräftig zu entwickeln und die erste Nahrung, gleichsam die Muttermilch, zu spenden. Je größer der Knollen ist, desto weiter sind seine Augengruben und desto größer treten aus ihnen die Knospen hervor, desto mehr machen sie aber auch Anspruch auf eine kräftige Ernährung, die ihnen der im

am ausgestochenen Auge noch vorhan=
Stoff nicht hinreichend gewähren kann.
gt die Lebensentwickelung einer Kartoffel=
 Mutterknollen noch andere Bedingun=
Pflanzenentwickelung aus einem Samen=
erkannt tüchtiger Pflanzenphysiolog sagt
ung folgendes:
amenkorne enthaltene Keim ist ein voll=
, er enthält alle Bedingungen zu seiner
id zum Eintritt in das Leben. Die
offel sind dagegen mit allen Erforder=
ständigen Pflanze nicht versehen; ihnen
chen, welches sich aus dem Getreidekorn
ogleich Nahrung aus dem Boden ent=
lahrung müssen die Kartoffelkeime zuerst
offel finden und können erst im Verfolg
ig Wurzeln bilden, die befähigt sind,
m Boden zu ziehen. Die Substanz
ffel ist also unerläßlich nothwen=
igen Triebe zu nähren und auszubilden."
tlich, wie thöricht diejenigen handeln,
Naturgesetze verstoßen; aber die Kar=
r solche Mißhandlung gerächt. Es steht
 fest, daß man seit einer Reihe von
s auffällig geringere Ernten der Quan=
en hat, sondern daß auch die Qualität
n Jahr zu Jahr schlechter geworden ist;
ie Kartoffelkrankheit in dieser Mißhand=
d haben dürfte. Ich stelle dieser meiner
ne langjährige Erfahrung zur Seite.
dere Kartoffeln zur Saat verwandt, als
uchte und vollkommen ausgebildete reife
mittlerer Größe; habe aber auch nie von
bst auf Boden, der gerade nicht beson=
eln geeignet war, eine solche Schmäle=
und eine solche Ausdehnung der Krank=
viele meiner Feldnachbarn. Es liegt ja
daß, wie schon erwähnt, eine gesunde,

1*

kräftige Kartoffelpflanze nur aus einer vollkommen ausgebildeten und reifen, sowie ganzen Saatkartoffel hervorgehen kann, die dann auch allen schädlichen Einflüssen der Luft und Witterung besser widersteht, sowie ferner auch vergleichende Versuche dargethan haben, daß ganze Kartoffeln weit schneller keimen und aufgehen, als geschnittene.

Wird man erst von dem vorerwähnten, der Natur der Kartoffel ganz entgegengesetzten Verfahren abgehen, wird man wiederum nur vollkommen ausgebildete, reife und ganze Kartoffeln zur Saat verwenden, so wird gar bald ein anderes Ernteresultat sich ergeben, denn keine Feldfrucht ist bei einer verständigen Kultur dankbarer und lohnender, als die Kartoffel. Dies beweist auch folgender Versuch des Pflanzenphysiologen Dr. Sachs zu Tharand, um den Einfluß des Saatgutes bei Kartoffeln auf die Ernte zu ermitteln.

Vier neben einander liegende, 6 Zoll tief gelockerte Beete (umgebrochenes Grasland, thoniger, verwitterter Porphyrboden) wurden unter Abmessung eines Flächenraumes für jeden Stock von 3 Fuß, 1) mit großen, circa 6 Loth schweren Knollen der Zwiebelkartoffel; 2) mit kleineren, circa 2 Loth schweren Knollen; 3) mit den Stielhälften der halbirten großen Knollen; 4) mit den Vorderhälften derselben bestickt. Bei der Ernte hatte jeder Stock Knollen des ersten und zweiten Wuchses, die letzteren meist in der Mehrzahl, von allen Größen. — Die Ergebnisse waren folgende:

1) Die großen ganzen Knollen keimten 10 Tage früher wie die kleinern.
2) Die Triebe derselben waren kräftiger als die der kleinern Knollen.
3) 6 Stöcke der großen ganzen Knollen gaben 5,9 Pfund Knollen.
4) 6 Stöcke der großen halbirten (Stielhälfte) gaben 5,5 Pfund Knollen.
5) 6 Stöcke der großen halbirten (Vorderhälfte) gaben 4,9 Pfund Knollen.

6) 6 Stöcke der kleinen Knollen gaben 4,2 Pfund Knollen.

Dieser Versuch lehrt und bestätigt, daß bei den Kartoffeln die Größe und Ganzheit der Saatknollen die Ernte bedeutend vermehrt und durch raschere Keimung sichert. —

Ein zweiter Fehlgriff ist das

Abkeimen

der Saatkartoffeln. Allgemein herrscht noch die Sitte, die Samenkartoffeln abzukeimen, obgleich dieses erfahrungsmäßig höchst thöricht und nachtheilig ist; denn es befördert die Fäulniß der Kartoffeln, veranlaßt Fehlstellen auf den Kartoffeläckern und wirkt somit auf den Ertrag vermindernd ein. Versuche haben bewiesen, daß der erste Keimtrieb der kräftigste ist. Es tritt mithin eine Schwächung der Kartoffel ein, wenn die ersten Kartoffelkeime abgerissen und entfernt werden, die sich in der Ernte nur zu deutlich kund giebt. Man sollte deshalb mit aller Sorgfalt darauf bedacht sein und Vorkehrungen treffen, daß die Kartoffeln während ihrer Aufbewahrung im Keller oder in den Mieten nicht keimen und sollte durchaus Nichts unterlassen, was das Keimen verhindert.

Nach angestellten Versuchen waren die Ernteerträge, wenn die Ernte von den vor dem Keimen bewahrten Kartoffeln mit 100 bezeichnet wird, zu den ein-, zwei- und dreimal abgekeimten im Durchschnitt wie 100 : 94 : 83 : 70. Der Unterschied der nicht abgekeimten Kartoffeln gegen einmal abgekeimte betrug 6, gegen zwei- und dreimal abgekeimte aber 17 und 30 Proc.

Nach wissenschaftlichen Untersuchungen enthält jedes Keimauge der Kartoffel mehrere Keime, gewöhnlich drei, von denen der mittelste, welcher zugleich der kräftigste ist, zuerst zum Vorschein kömmt. Wird dieser Keim abgebrochen, so treiben die bedeutend schwächeren Seitenkeime aus. Nach dem Abkeimen auch dieser zweiten

Keime treiben auch noch die dritten aus, bringen aber nur schwächliche Pflanzen, die unter ungünstigen Verhältnissen nur sehr wenige und kleine Knollen ansetzen. Aus dem bisher Erörterten ist denn bei der Auswahl der Saatknollen folgendes wohl zu beobachten, als Samenkartoffeln sollen sein:

1) **vollkommen ausgebildet, ganz und gesund.** Erkrankte Knollen bringen die Krankheit wiederum auf das Feld, wodurch der Ertrag bedeutend geschmälert wird.
2) **mittelgroß**, weil diese Größe genügt, um ohne zu große Verschwendung von Saatquantum doch ein rasches, kräftiges Wachsthum zu erzielen.
3) **ungekeimt**, weil abgekeimte Kartoffeln den Ertrag vermindern. Knollen, die im Keller noch nicht getrieben haben, werden einen kurzen gedrungenen Trieb, niedrigeres, kräftigeres Kraut und tiefer stehende zahlreichere Sprossen entwickeln und deshalb mehr Knollen ansetzen, die auch weniger oberflächlich liegen und darum den Angriffen der Krankheit weniger ausgesetzt sind. —

b) **Vortheilhaftes Vorbereiten der Saatkartoffeln.**

Dieses besteht zuvörderst in dem

Abwelken der Samenknollen,

ist höchst nützlich und darum nur zu empfehlen. Es erhöht den Ertrag der Ernte und befördert das Gedeihen der Pflanzen im reichlichsten Maße. Dieses Abwelken darf aber nicht bei künstlicher Wärme geschehen, sondern an der Luft. Zu diesem Zwecke bringt man die Samenkartoffeln einige Zeit vor dem Legen an einen luftigen Ort, z. B. auf die Scheunentenne, auf einen Hausboden ꝛc., breitet sie dünn aus und läßt sie bis zur Aussaat abwelken, während welcher Zeit das Vegetationswasser verdunstet.

Ein anerkannt tüchtiger und im Kartoffelbau sehr erfahrener Landwirth theilt hierüber folgendes mit:

„Um die Mitte des Monat März lasse ich die Samenkartoffeln auf den Hausboden an die Luft tragen, lasse sie etwa einen Schuh hoch schütten und bis zur Aussaat liegen. Sie werden während dieser Zeit mehrmals sorgfältig umgewandt und von faulen und kranken Knollen gereinigt. Sollte während dieser Zeit etwa Frost einfallen, so werden die Kartoffeln mit Stroh bedeckt. Haben dieselben 4 Wochen lang gelegen und sind abgewelkt, so werden sie vor dem Einsacken noch einmal genau sortirt, damit nur solche zum Auslegen kommen, welche wirklich welk und eingeschrumpft sind; diejenigen aber, welche ihr ursprüngliches Aussehen noch haben, werden bei Seite gebracht, denn sie sind strunkig und taugen nicht zum Auslegen. Sind die Kartoffeln einmal sortirt und eingesackt, so darf man mit dem Auslegen nicht mehr warten, indem sonst die Kartoffeln keimen.

Die auf diese Weise behandelten Kartoffeln gehen 14 Tage früher auf als diejenigen, welche frisch aus dem Keller gelegt werden. Im verflossenen Jahre pflanzte ich in meinem Garten auf $\frac{1}{2}$ Acker Land (hessisch Maß) 5 Metzen von so behandelten und vorbereiteten Kartoffeln und erntete 7 Säcke voll, unter denen nicht ein einziger schwarzer oder kranker Kartoffel war. Desgleichen pflanzte ich auf $\frac{3}{4}$ Acker Feldland von ebenso vorbereiteten Kartoffeln 2 Säcke und erntete 21 Säcke gute gesunde Kartoffeln. Neben diesen letztern Kartoffeln, jedoch noch auf demselben Stücke Land, legte ich gleichzeitig 2 Säcke voll anderer Kartoffeln, welche ich erst unmittelbar vor dem Auslegen erhalten hatte und welche äußerlich ein recht schönes Aussehen hatten. Sie kamen jedoch frisch aus dem Keller und waren auf obige Weise zur Saat nicht vorbereitet worden. Bei der Ernte ergab sich zwischen beiden Sorten eine sehr bedeutende Differenz; denn von den letzteren Kartoffeln erntete ich nur 9 Säcke voll und waren davon 5 Säcke voll total schwarz und gar nicht zu gebrauchen, während die übrigen 4 Säcke auch nur zum Viehfutter konnten verbraucht werden."

Ebenso vortheilhaft ist das Legen ganzer Saatkartoffeln mit
nur einem Keimauge.

Verwendet man nämlich ganze Kartoffeln mit vielen Keimaugen zur Saat, so entwickeln sich zu viele Pflanzen und es entsteht ein förmlicher Kampf zwischen den zuerst hervorgekommenen und den Nachzüglern, der von der Entwickelung an bis zur Ernte sowohl in der Erde, als auch auf der Oberfläche fortgeführt wird und zwar auf Kosten der Bodenerschöpfung und des Ertrages. Die größeren Pflanzen suchen nämlich die kleineren zu unterdrücken; aber auch diese wollen leben und so entsteht eine Menge von Wurzeln und Fasern, die den Boden aussaugen und wohl auch Kartoffeln, aber nur kleine, schwächliche und unreife hervorbringen. Man wende hier nicht ein, daß man ja auch ganze Runkelkörner lege, in deren Mitte zwei, drei und mehr kleine schwarze Samenkerne liegen, die sich mit den Keimaugen der Kartoffel sehr gut vergleichen lassen und von denen jeder eine Pflanze hervorbringt. Diese läßt aber kein Landwirth stehen, sondern entfernt sie bis auf nur eine Pflanze.

Es drängt sich daher die natürliche Frage auf: Warum läßt doch der Landwirth die ganze Menge der Kartoffelpflanzen bei einander und sorgt nicht für das kräftige Aufkommen einer einzigen? Wer würde es z. B. nicht geradezu lächerlich finden, wenn ein Landwirth ganze Getreideähren als Saat dem Boden einverleiben wollte und nicht die einzelnen Körner derselben? Es erhellet, daß in dieser Beziehung ein arger Fehlgriff begangen und gegen alle Fingerzeige der Natur verfahren wird. Nicht die Menge der Kartoffelpflanzen wirkt vermehrend auf den Ertrag ein, sondern die Menge derselben vermindert den

Ertrag. Daß dem so ist, beweisen in dieser Beziehung angestellte Versuche. So wurden z. B. nach den Luxemb. Annal. Versuche in der Art angestellt, daß von einer Partie Samenkartoffeln jeder einzelnen derselben nur ein Auge und zwar das kräftigste gelassen wurde, während man die andern Augen ausstach. Das Resultat war, daß das mit Samenkartoffeln mit nur einem Auge bestellte Versuchsfeld per Hektare 797 Pfund Kartoffeln mehr lieferte als das andere gleich große Versuchsstück, welches mit Samenkartoffeln mit mehreren Augen belegt worden war. —

c) **Einfluß des specifischen Gewichts der Saatkartoffeln auf Quantität und Qualität des Ertrags.**

Ritthausen hat über die in der Ueberschrift angeführte Angelegenheit komparative Versuche angestellt und nach den Annal. der Landw. folgende Resultate erhalten:

Saatkartoffeln von höherm specifischen Gewicht geben eine Ernte von höherm specifischen Gewicht und auch einen etwas höhern Massenertrag, weshalb man nur die stärkereichsten Kartoffeln zu Samen verwenden soll. Der Mehrertrag an Stärke von Kartoffeln höhern specifischen Gewichts betrug $\frac{1}{3}$ bis $\frac{1}{2}$ Proc., der Mehrertrag an Masse pro Magdeb. Morgen 7—10 Berl. Scheffel.

Diejenigen Kartoffelsorten, welche sich sowohl durch reichen Stärkegehalt als durch Masseertrag vor allen andern Kartoffelsorten auszeichnen, sind die **rothe Wahlsdorfer**, die **Zwiebelkartoffel mit weißem Fleisch**, die **Zwiebelkartoffel mit gelbem Fleisch**, die **rothe von Lastig**. Diese Kartoffelsorten widerstehen auch der Krankheit am meisten. —

II. Vom Legen der Saatkartoffeln.

Sind die Samenkartoffeln auf die vorbeschriebene Art zur Saat vorbereitet, so werden sie gelegt. Auch das Legen wird nach mehrfachen Versuchen in neuerer Zeit anders ausgeführt und hierdurch ein reicherer Ernteertrag erzielt. Man hatte nämlich vielfach die Beobachtung gemacht, daß Kartoffeln, wenn sie auf das fertig bearbeitete und abgeeggte Kartoffelland gelegt und erst dann mit Erde bedeckt wurden, wenn sie unter dem Einfluß der Luft und des Lichts gekeimt und Wurzeln getrieben hatten, einen bedeutend größeren Ernteertrag als bei der gegenwärtig noch gebräuchlichen Bestellungsart lieferten, vorzüglicher im Stärkegehalt und weniger der Krankheit unterworfen waren.

In Folge dieser Beobachtung sind von verschiedenen Landwirthen vergleichende Versuche angestellt worden. So fand z. B. Schönermark, daß die Kartoffeln, welche nach der bis jetzt gebräuchlichen Methode gelegt waren, viel eher keimten als die auf dem geeggten Acker nach der neuen Vorschrift gelegten. Nach 3 Wochen waren erstere schon geeggt, während letztere nun erst mit Erde bedeckt wurden. Später zeigte aber das Kraut der Probekartoffeln ein gesunderes, dunkleres Grün und hielt sich länger als das Kraut der wie gewöhnlich bestellten Kartoffeln. Bei der Ernte lieferten letztere 15 Säcke theils schwarze, theils kleine Knollen; die Probekartoffeln dagegen von einer gleich großen Ackerfläche waren groß und gesund und füllten 26 Säcke.

Keil hat in dieser Beziehung ebenfalls vergleichende Versuche angestellt; er fand auch, daß die der Luft ausgesetzten Kartoffeln von Frost (— 4° R.) nicht leiden, wenn eben nur ganze Knollen verbraucht waren. Die Probekartoffeln keimten nach 3 Wochen, wurden dann mit Erde bedeckt und überragten im Juli nach der gewöhnlichen Methode bestellte Kartoffeln im Kraut um 6 Zoll. Bei der Ernte gab der Magdeb. Morgen von ersteren 11,838 Zollpfund, von letztere aber nur 10,125 Pfund. Der Stärkegehalt beider Kartoffeln war ziemlich gleich, 21 Procent bei 28 Procent Trockensubstanz; indeß zeigte sich bei den aus obenauf gelegten Knollen erzielten Kartoffeln eine größere Gleichmäßigkeit im Stärkegehalt. Kranke Krartoffeln fanden sich bei den Probekartoffeln 2 Proc., bei den andern 3 Proc.

Keil hat hierbei noch die Beobachtung gemacht, daß bei den Kartoffeln nach der alten Methode gelegt, das Ansetzen der Knollen in zwei verschiedenen Perioden erfolgt, nämlich einmal an den ursprünglich aus der Samenkartoffel direkt entsprossenden Wurzelkeimen und dann auch noch an den Wurzelkeimen, welche nach einiger Verhärtung des unterirdischen Stammes aus diesem sich entwickeln. Hieraus folgt aber nicht allein eine ungleichmäßige Reife der Kartoffeln, sondern der Ernteertrag wird auch geringer. Diese doppelte Wurzelbildung wird nun bei dem neuen Verfahren vermieden und hieraus dürfte sich denn die größere Ausbeute hinreichend erklären.

Graf Pinto, der über diese neue Anbaumethode in den preuß. Annal. der Landw. ebenfalls seine Erfahrungen niedergelegt hat, empfiehlt dabei folgendes Verfahren: Das Saatfeld wird mit einem Rübenfurchenzieher, welcher auf 16½ Zoll Entfernung 3 Furchen gleichzeitig zieht, auf 2 Zoll Tiefe bearbeitet. Die unzerschnittenen Saatkartoffeln werden auf circa 9 Zoll Entfernung in die Furchen gelegt und beim Vorwärtsschreiten mit dem einen Fuß angetreten. So bleiben sie, etwa 3—4 Wochen, bis sie Keime zeigen, liegen und werden dann mittels Durchfahren mit den einspännigen Rapsjätern mit Erde bedeckt. Eine weitere Bearbeitung ist unnöthig.

Hierbei sei ferner noch auf die Versuche verwiesen, die man in jüngster Zeit darüber angestellt hat, ob eine dichte oder weniger dichte Kartoffelaussaat nützlich sei. Nach dem Amtsblatte für die landw. Vereine Sachsens haben zwei Jahre hinter einander angestellte komparative Versuche dargethan, daß **eine dichtere Pflanzung der Kartoffeln den absoluten Ertrag erhöht**, doch sind die Knollen im Ganzen kleiner ausgebildet als die, deren Wurzeln einen größern Bodenraum zur Verfügung haben. **Je dichter die Pflanzen stehen, desto kleiner sind die Knollen, desto größer aber das Gesammterzeugniß an vegetabilischer Substanz.**

Ein gleiches Resultat theilt auch der landw. Bauernverein des Mansfelder Seekreises mit. Nach den vielfachen Erfahrungen mehrerer seiner Vereinsmitglieder hat sich auf das bestimmteste erwiesen, daß bei der Bestellung der Kartoffeln mit der Saat nicht zu geizen sei und die Kartoffeln nicht zu weit zu legen sind. Ackerstücke, bei denen pro magdeb. Morgen (= 180 $\square$ R.) über $\frac{1}{4}$ Wispel Saatgut verwendet worden war, lieferten wesentlich höhere Erträge als Ackerstücke, auf denen man weniger Samen verwendet hatte.

III. Von der Düngung des Kartoffellandes.

Die Kartoffelpflanze ist unter unseren Kulturgewächsen am wenigsten stickstoffbedürftig, und der stickstoffreiche Stallmist ist daher zu andern landwirthschaftlichen Erzeugnissen mit viel größerem Nutzen zu verwenden. Es ist daher nicht vortheilhaft, die Kartoffel in frische Mistdüngung zu bringen, trotz dem in der Dreifelderwirthschaft mit besömmerter Brache diese Feldfrucht fast keinen andern Standort erhält als in gedüngter Brache. Grundsätzlich sollte dies aber niemals geschehen, weil die Erfahrung gelehrt hat, daß der Ertrag in einem noch kräftigen, aber nicht frisch gedüngten Boden in den meisten Fällen dem Ertrage in gedüngtem Boden entweder gleich war, oder doch nur um ein Unbedeutendes sich verminderte. Am allerwenigsten steht der durch die Düngung zu erreichende Mehrertrag mit der Düngerkonsumtion im richtigen Verhältnisse. In trockenen Jahrgängen ist sogar der Ertrag auf ungedüngtem, aber in guter Kultur stehendem Boden in vielen Fällen ein größerer gewesen. Ferner wird in ungedüngtem Boden die Qualität der Kartoffeln eine bessere, und endlich kömmt hierzu noch die Beobachtung gar vieler Landwirthe, daß die Kartoffel in frischer Mistdüngung von der Krankheit viel leichter und stärker heimgesucht wird. Aus diesem Grunde empfiehlt es sich, die Kartoffeln nach gedüngten Winterhalmfrüchten zu bauen.

Zur Düngung der Kartoffelfelder sollten vielmehr die in neuerer Zeit so warm empfohlenen **mineralischen Düngestoffe**, namentlich **Kalisalze**, verwandt werden, unter denen das von Dr. Frank zu Staßfurth bereitete **koncentrirte Kalisalz** besonders zu beachten ist. Auch **Bakerguano**, **Fischguano** und dergleichen mineralische Düngestoffe sind zu empfehlen. Die Wichtigkeit dieser Düngemittel für den Pflanzenbau braucht hier nicht weiter erörtert zu werden, sie ist ja allgemein bekannt; nur so viel sei erwähnt, daß bei dem gegenwärtigen intensiven Betriebe der Landwirthschaft der Stalldünger nicht mehr ausreicht, um dem Boden an mineralischen Stoffen das wieder zu geben, was ihm durch die gesteigerten Ernten entnommen ist, und dieser Mangel nur durch die mineralischen Düngemittel beseitigt werden kann. In Rücksicht dessen erscheint es daher höchst vortheilhaft, den so knapp zugemessenen Stalldünger dem Getreidebau zuzuwenden und zur Düngung der Kartoffelfelder mineralische Düngestoffe zu verbrauchen.

Wer dies aber nicht kann oder nicht will, der bereite sich aus Erde von Gräben, Wegen, unbenutzten Rändern mit schichtweiser Benutzung von allerhand Abfällen, Kehricht, Abtrittdünger, Unkräutern 2c. einen **Mengedünger** und dünge damit. In neuester Zeit ist auch namentlich die **Asche** als Kartoffeldüngemittel warm empfohlen worden. Ein erfahrener Landwirth berichtet in diesem Punkte in einem sehr weit verbreiteten landw. Blatte folgendes:

„Man dünge den Boden vor dem Legen der Kartoffeln mit mehr oder weniger Steinkohlenasche, je nachdem das Feld feuchter oder trockener liegt. Es liegt mehr als ein Beweis vor, und zwar schlagende Beweise, daß die Kartoffeln in einem mit Steinkohlenasche gedüngten Boden viel schmackhafter wurden, einen reichlicheren Ersatz gaben und von der Krankheit verschont blieben. Daß Holzasche dieselben Dienste leistet, ist nicht zu bezweifeln, allein sie ist zu kostbar. Auch Ofenruß hat sich vortrefflich bewährt, nur hat man ihn in zu geringer Menge. Diejenigen, welche sich vor der Steinkohlenasche in Bezug auf die nach Kartoffeln folgende Frucht fürchten, mögen die Steinkohlenasche nur in die Jauchengrube schütten und damit düngen. Es erfolgt dieselbe Wirkung. Auch ist es nicht nothwendig, daß jedes Jahr die Kartoffeln eine Aschendüngung erhalten. Die einmalige Düngung scheint nach meinen Beobachtungen auf mehrere Ernten zu wirken."

Pfarrer Fischer in Kaaden berichtet in der landw. Dorfzeitung: „Unübertrefflich gegen die Kartoffelfäule und für die Verbesserung der Knollen wirkt die Asche auf dem Felde während der Vegetation. Es scheint nach den Mittheilungen, welche ich erhielt, daß an der Wirksamkeit der Asche durchaus nicht gezweifelt werden kann."

Einen andern recht beherzigenswerthen Aufsatz über Asche als Düngemittel zu Kartoffeln enthält die illustr. landw. Zeitung, Jahrg. 1865 S. 117*), aus dem folgendes anzuführen ich mir erlaube:

„Es ist bei mir zur Regel geworden, Kartoffeln nie in frische Mistdüngung zu bringen; ich bringe sie stets nur in zweite Tracht, jedoch dünge ich sie stark mit Asche, und zwar mit Holz-, Torf- und Steinkohlenasche

---

*) Dem freundlichen Leser sei diese landw. Zeitschrift auf das Wärmste empfohlen, denn sie ist eine der besten und dabei billigsten landw. Zeitschriften. Redakt. derselben ist der rühmlichst bekannte Dr. W. Löbe in Leipzig.

im Gemenge. Besitze ich hinreichende Mengen von letzterer, so dünge ich nur mit reiner Steinkohlenasche und zwar so, daß der Boden (sandiger Lehmboden) 2 — 3 Zoll hoch mit Asche überstreut und damit während des Winters begonnen wird. Ich verwende aber nur wirkliche Steinkohlenasche, d. h. solche, welche zwischen dem Ofenrost durchgefallen, rein von Schlacken und Schiefer ist. Wo dieses nicht gut ausführbar ist, sollte man wenigstens immer die großen Schlacken zu entfernen suchen und die Asche durch ein Sieb werfen."

Bär gibt folgende Anweisung zur Bereitung eines wohlfeilen Kartoffeldüngers, durch welchen, nach seiner Behauptung und Erfahrung, der Ertrag an Kartoffeln um das Doppelte, ja Dreifache gesteigert werden kann.

„Man nehme Holzasche und Asche von andern Vegetabilien, thue dazu an der Luft zerfallenen Kalk und pulverisirten Gyps und füge diese Composita unmittelbar der Saatkartoffel bei. Es kann ein so präparirter Dünger, wenn die einzelnen Substanzen, wie z. B. Kalk und Asche, selbst producirt werden, nur geringe baare Auslagen betragen. Das Verhältniß dieser drei Düngungsmittel zu einander dürfte sich dahin gestalten, daß auf 1 Ctr. Gyps ⅔ Berliner Schffl. ungelöschter Kalk und 11 Schffl. Asche kommen.

Pottasche giebt mit der Kalk- und Gypsmischung einen weit stärkeren kräftigeren Trieb, als wenn mit letztern Substanzen nur gewöhnliche Asche genommen wird. Daher würde ich rathen, den Dünger nur aus diesen drei, wenn auch etwas kostspieligeren Substanzen: Pottasche, gebranntem, an der Luft zerfallenem aber noch nicht weiter gelöschtem Kalk und Gyps zusammenzusetzen. Was das Verhältniß der Pottasche zu den beiden übrigen Substanzen betrifft, so gewinnt man aus 2 — 3 Schffl. guter vegetabilischer Asche ungefähr 25 Pfund unreines kohlensaures Kali, welches wir Pottasche nennen. Nach den oben angeführten Grundsätzen wären zu einer gewissen Anzahl Scheffel Kartoffeln pr. pr. 11 Schffl. Asche erforderlich, die bis 1 Ctr. Kali liefern, welches den beiden andern Substanzen: Gyps und Kalk beigefügt werden muß. Doch kann ich jedem nur anheim stellen, durch mehrfachere Versuche ein vielleicht noch richtigeres Verhältniß herauszufinden.

Dieser Kartoffeldünger vermochte eine bis dreifach so hohe Ernte zu liefern als wie gewöhnlich und wirkt überdies noch bedeutend zum Gedeihen der Nachfrucht."

Ueber die Wirkung des obenerwähnten Frank'schen koncentrirten Kalisalzes*) auf Kartoffeln liegt folgender allgemeiner und spezieller Bericht vor:

„Bei Kartoffeln war die Wirkung dieses Düngemittels durchgängig günstig; die Kartoffeln waren gesund, stärkereich und ergaben einen höheren Scheffelertrag als ohne Salz, dagegen war die Krautbildung bei den mit Salz gedüngten Kartoffeln geringer. Eine Düngung von mehr als 3 Ctr. pro magdeb. Morgen gab keinen nennenswerthen Mehrertrag."

Rittergutsbesitzer Henze berichtet über die Anwendung und Wirkung des Kali folgendes:

„Was den Kartoffelversuch anbelangt, so wurden im Herbst 1863 von mir 45 Morgen mit Kuhdung befahren und zwar pro Morgen mit 155 Ctr. Der Dünger wurde im Herbste untergepflügt und mit dem Untergrundspflug durchfahren, im zeitigen Frühjahr Furchen gezogen und über diese breitwürfig 1 Ctr. Kalisalz pro Morgen gesäet, die Kartoffeln nun gelegt und die Furchen zusammen geturbt.

4 Parzellen zu je 1 Morgen blieben zu Versuchsstücken liegen. 1 Morgen erhielt gar kein Kalisalz, 1 Morgen 1 Ctr., 1 Morgen 2 Ctr., 1 Morgen 3 Ctr. Die Kartoffeln gingen gut auf und entwickelten sich kräftig. Bemerkenswerth war, daß das Kraut der Kartoffeln, welche kein Kalisalz erhielten, bedeutend dunkler in der Farbe und 5 — 6 Zoll länger war als das Kraut der

---

*) Das dreifachkoncentrirte Kalisalz enthält 30 — 32 Proc. Kali, entsprechend 18 — 20 Proc. schwefelsaurem Kali und kostet der Ctr. von Dr. Frank in Staßfurth bezogen 2¾ Thlr. Das fünffach koncentrirte Kalisalz enthält 50 — 52 Proc. Kali, entsprechend 93 — 96 Proc. schwefelsaurem Kali und kostet der Ctr. 4¼ Thlr. — Rohes schwefelsaures Kali wird zu 15 Sgr. pro Ctr. abgelassen.

mit Kali gedüngten Kartoffeln. Bei den übrigen Versuchsparzellen konnte kein Unterschied im Kraute wahrgenommen werden. Zur Saat wurde die rothe sächsische Zwiebelkartoffel angewandt. Das Ernteresultat war folgendes:

Geerntet wurden im Durchschnitt von allen 45 Morgen 88 Schfl. pro Morgen.

Von den Versuchsparzellen gab
1 Morgen ungedüngt 91 Schffl. mit 21 Proc. Stärkegehalt.
1 Morgen gedüngt mit 2 Ctr. Kalisalz 94½ Schffl. mit 21½ Proc. Stärkegehalt.
1 Morgen gedüngt mit 3 Ctr. Kalisalz 102 Schffl. 6 Mtz. mit 21⅔ Proc. Stärkegehalt.

Bemerkt muß hierbei noch werden, daß das Versuchsstück, welches mit 1 Ctr. Kali gedüngt war, durch Felddiebstahl so im Ertrage beeinträchtigt worden war, daß es als maßgebend nicht anerkannt werden konnte.

Das Kalisalz hatte also bei 2 Ctr. 3½ Schffl. und bei 3 Ctr. 11 Schffl. 6 Mtz. Mehrertrag gegeben, außerdem noch ⅔ Proc. im Stärkegehalt mehr als ungedüngt. Der Gesundheitszustand der Kartoffeln war ein außerordentlich guter und nur selten wurde Trockenfäule bemerkt. Da ich diesen Versuch speziell geleitet habe, so ist für mich die Ertragssteigerung bei den Kartoffeln durch Kalisalz als evident erwiesen."

IV. Vom Standort und der Bearbeitung desselben.

Bei der Auswahl des Standortes, welchen man der Kartoffel zuweist, wird ebenfalls noch gar oft und vielfach gefehlt, denn häufig muß dieselbe mit einem Boden vorlieb nehmen, der ihrer Natur ganz und gar zuwider ist. Will man sich jedoch eine reiche Kartoffelernte sichern, so gebe man der Kartoffel einen sorgfältig ausgewählten, ihr zusagenden, passenden Standort. Ein recht lockerer, milder, wo möglich mit Sand gemischter und von Unkraut reiner Boden sagt der Kartoffel am besten zu. Auf solchem Boden angebaut wird sie wohlschmeckend, mehlreich und sehr tragbar. Dagegen taugt schwerer, strenger, gebundener, thoniger und nasser Boden nicht zum Kartoffelbau.

„Ich gewann — sagt ein erfahrener Kartoffelzüchter — nach vielfachen Versuchen in längerer Zeit die Ueberzeugung, daß der beste Boden für Kartoffeln ist: aus Waldungen gerodetes Neuland, desgleichen das durch Abbrennen kultivirte Heidekrautfeld, alte Dresche, zwei- oder mehrjährige Kleeschläge, selbst trockengelegte und zu Ackerland vorbereitete Wiese."

Hiermit stimmen auch die Erfahrungen von Landwirthen überein, die ihre Kartoffeln in Waldboden angebaut haben. So wurde bei der jüngsten Versammlung des Budweiser landw. Filial-Vereins die Erfahrung mitgetheilt, daß alle in Waldgrund angebauten Kartoffeln der Fäulniß widerstanden hätten. Gleiche Erfahrungen wurden auf der Domäne L. gemacht, woselbst alle in Waldgrunde angebauten Kartoffeln gesund blieben, während die auf freiem Felde von der Kartoffelkrankheit heimgesucht wurden. Während hier das Kartoffelkraut bereits im September vertrocknet und dürr war, grünte dasselbe auf dem Waldfelde noch in größter Ueppigkeit bei einer Höhe von einigen Fußen.

Dies zu erklären, dürfte nicht schwer halten. Die Kartoffel ist, wie bekannt, eine Frucht des südlichen Amerika's. Dort wächst sie wild am Saume der Wälder in dem lockern sandigen Waldboden, der mit verfaultem Laub, Moos 2c. gemischt ist. Sie wächst darum auch bei uns gern in frisch aufgebrochenem Waldboden, neugepflügten Angern und Wiesen, weil sie hier lockern, milden Boden und ihre Hauptnahrung, nämlich Kalisalze, reichlich vorfindet. Nun hat zwar nicht Jeder solchen Boden und man muß nehmen, was man hat, allein dabei sollte man doch diese Fingerzeige der Natur möglichst berücksichtigen und nicht gegen die Natur der Kartoffelpflanze sündigen. Dies geschieht aber, wenn man einestheils unpassenden Boden der Kartoffel zuweist und anderntheils denselben im Frühjahr durch allerlei Arbeiten wie z. B. Walzen ꝛc. fest zu machen sucht; denn besonders die **Lockerheit des Bodens bei tiefer Bearbeitung ist ein Haupterforderniß** zu einer gewinnbringenden Kultur der Kartoffel.

Man grabe und ackere deshalb das Kartoffelland im Herbst recht tief, vorausgesetzt, daß ein schlechter Untergrund nicht Schranken setzt. Eine 12 Zoll tiefe Ackerkrume wird sich als sehr vortheilhaft bewähren. Das so bearbeitete Land überlasse man dann in rauher Furche den Witterungseinflüssen den Winter hindurch, sowie man auch dafür sorgen kann, daß im Frühjahr nur die Saatfurche gegeben werde.

Sehr zu empfehlen möchte sein, im Spätherbst das Land, wenn es schon im Vorherbst recht tief bearbeitet worden ist, in Bänke oder Kämme, 2 bis 2½ Fuß auseinander so hoch wie möglich aufzustreichen, es so über Winter liegen zu lassen, im Frühjahr aber die Kämme durch einmaliges Ueberziehen mit der Egge leicht zu ebenen, und dann entweder die Kartoffeln in möglichst geraden Reihen in die Vertiefungen zu legen und später mit dem gewöhnlichen Häufelpflug zu bedecken, oder die Kartoffeln alsbald in die vorhandenen Bänke zu legen, indem man erst dazu mit dem Häufelpflug, den man zu diesem Zwecke an ein zweiräderiges gewöhnliches Vordergestell hängen kann, etwa 6 Zoll tiefe Rinnen zieht und diese mit dem Häufelpflug wieder bedeckt. Im Allgemeinen dürfte die Bearbeitung des Bodens, bei welcher das Saatgut die mehrste ausgefrorene Erde besonders über sich bekömmt und dabei die meiste Winterfeuchtigkeit behält; auf nassem Boden aber, wo die Kartoffelstöcke am höchsten zu stehen kommen, die zweckmäßigste sein.

Von mehrern Seiten wird auch empfohlen, die Rinnen oder Reihen in der Richtung von Mittag gegen Mitternacht anzulegen, damit die Sonne beide Seiten der Kämme bescheinen und erwärmen kann, und nicht etwa die Seite, nach Mitternacht nämlich, beständig Schatten habe. Wo die Kartoffeln eingestuft und mit der Hand bearbeitet werden, kann man es leicht so einrichten, indem man die Löcher in der Richtung von Mittag nach Mitternacht oder umgekehrt hackt. Aber auch da, wo die Kartoffeln mit dem Pfluge bearbeitet werden, sollte man, namentlich an breiten Stücken, dieses Verfahren genau beobachten.

Ferner haben Versuche, wenn auch bis jetzt nur im Kleinen ausgeführt, dargethan, daß von Unkraut reines Kartoffelland, sobald es im Herbste tief gegraben und die Kartoffeln ohne nochmaliges Bearbeiten des Bodens gelegt wurden, sehr reichliche Ernten lieferte, was wohl darin seinen Grund haben mag, daß die so schätzenswerthe Winterfeuchtigkeit dem Boden verbleibt und nicht durch nochmalige Bearbeitung ausgetrieben wird. Recht auffallend zeigte sich der Vortheil eines solchen Verfahrens in dem verflossenen trocknen Jahre 1865.

Die Lockerheit des Bodens ist — wie schon erwähnt — zum Gedeihen der Kartoffeln unumgänglich nothwendig und zwar so, daß die Saatkartoffel etwa 3—4 Zoll lockere Erde über sich und eine gleiche Tiefe lockerer Erde unter sich haben muß, um einen naturgemäßen Wurzelstock bilden zu können.

Je größer die Umgebung lockerer Erde ist, um so kräftiger kann sich das Wurzelvermögen ausbilden und um so vollkommener wird der Wuchs und die ganze Ausbildung der Kartoffelpflanze sein.

Sind die Kartoffeln aufgegangen, so muß das inzwischen aufgelaufene Unkraut vertilgt werden. Bei kleinern Kartoffelstücken geschieht dieses gewöhnlich durch Handarbeit; bei größeren und umfangreicheren dagegen entweder mittelst eines eggenartigen Werkzeuges, Igel genannt, oder durch den sogenannten Pferdehaken. Könnte das Behacken und Auflockern um die Pflanze stets durch Handarbeit ausgeführt werden, so würden die Kosten dafür gewiß durch höhern und sichern Ertrag reichlich vergütet, denn ein durch Handarbeit gut ausgeführtes Behacken kann durch Zuggeräthe niemals ersetzt werden. Leider fehlt es aber bei größeren Anbauverhältnissen in den meisten Gegenden an Menschenhänden.

Das spätere Behäufeln der Kartoffelpflanzen hat den Zweck, ihnen eine größere Menge von Erde, und zwar frischer Erde, zuzuführen, und besonders bei schweren und bindenden Bodenarten einen größeren Luftzutritt zu bewirken, wobei die Erhaltung und Erneuerung der Porosität des Bodens eine Hauptsache ist. Auch das spätere Ausgrasen (Ausjäten) des Unkrautes der Kartoffelstücke, sobald solches mit Sorgfalt und Umsicht geschieht, ist zu empfehlen.

V. Ueber den Einfluß des Abschneidens des Kartoffelkrautes auf den Ertrag.

In manchen Gegenden und Orten ist es allgemein gebräuchlich, daß gegen das Ende des Kartoffelwachsthums das Kraut abgeschnitten wird, was dann auch namentlich in solchen Jahrgängen geschieht, in denen die Kartoffelkrankheit auftritt. Gar viele Stimmen sind aber bis jetzt gegen dasselbe gewesen und verwerfen es aus dem Grunde, weil solches vermindernd auf den Kartoffelertrag einwirke. Um das Richtige zu finden, hat Dr. Birnbaum vergleichende Versuche angestellt, um zu erfahren, wie früh das Abschneiden des Krautes zur Vermeidung der Krankheit vorgenommen werden kann. Die Resultate waren folgende:

Die erste Versuchsreihe, bei welcher am 24. Juni das Kraut vor der Blüthe und — da dasselbe wieder kräftig ausschlug — nochmals abgeschnitten wurde, lieferte 1 Pfund kleine schlechte Kartoffeln. Die zweite Versuchsreihe, bei der das Kraut in der Blüthe geschnitten wurde, gab 9 Pfund kleine und mittlere Kartoffeln.

Die dritte Reihe, auch noch in der Blüthe aber 8 Tage später geschnitten, gab 17 Pfund mittlere und große Kartoffeln, die zum Theil schön waren. Die vierte Reihe, am 26. Juli nach der Blüthe abgeschnitten, gab 16 Pfund theils sehr schöne Kartoffeln. Die fünfte Reihe, am 4. August bei beginnenden Zeichen der Erkrankung geschnitten, lieferte 30 Pfund meist große, sehr schöne und gesunde Kartoffeln. Die andern Versuchsreihen, bei denen das Kraut bei völliger Erkrankung abgeschnitten wurde, gaben je 25 Pfund Kartoffeln mit immer mehr kranken Knollen.

Auf Grund dieser Erfahrung empfiehlt Dr. Birnbaum das Abschneiden des Kartoffelkrautes unbedingt, indem es **rechtzeitig** vorgenommen, höhere Erträge, gesunde Kartoffeln und frühere Reifezeit sichert. Da aber der Boden nach diesem Abschneiden des Krautes noch stark verunkrautet, so ist ein nochmaliges Behacken des Kartoffelstückes zu empfehlen.

Dr. Birnbaum sagt hierüber noch folgendes: „Das Entfernen des Krautes kann jedoch nur dann ohne Nachtheil geschehen, wenn der Zeitpunkt der Blüthe erreicht oder überschritten ist. Die **Blüthe giebt den alleinigen Anhalt in Bezug auf die Räthlichkeit des Abschneidens des Laubes**, wenn die Krankheit sich zeigt. Nach vollendeter Blüthe gefährdet das Abschneiden desselben den Ertrag durchaus nicht; wohl aber sichert es, wenn es rechtzeitig geschieht und das Laub mit Sorgfalt und Aufmerksamkeit entfernt wird, eine gesunde und volle Ernte. Was vor der Blüthe geschnitten wurde, gab wenig und schlechte Knollen; in der Blüthe geschnitten, erhält man mittlere Ernten, auch oft mehr oder weniger; erst vom beginnenden Samenansatz an, also **nach** der Blüthe, bleibt das Schneiden ohne allen Einfluß auf den Ertrag. Es scheint ferner, daß die Knollen — gleichgültig, wie groß immer zu dieser Zeit — von da an aus der Atmosphäre **direkt** keiner Nahrung mehr bedürfen, und die Thätigkeit der Blätter vielleicht mehr nur noch für die

Samenbildung von Bedeutung ist; zudem sterben ja die Blätter bekanntlich von da an bald mehr und mehr ab."

Ein praktischer Landwirth berichtet über das Abschneiden des Kartoffelkrautes folgendes:

„In der festen Meinung, daß, wenn die Stengel sammt Kraut und Wurzeln von den Knollen entfernt würden, diese von der Fäulniß ganz verschont bleiben müßten, nahm ich am 2. August, nachdem ich einige Tage vorher die ersten Zeichen der Krankheit an meinen Kartoffeln gefunden, folgenden Versuch vor, dessen Resultat ganz nach meinem Erwarten ausgefallen ist.

Auf einer 5 □ Klftr. großen Fläche ließ ich alles Kraut abschneiden, später auch die Stengel ausziehen. In der ersten Hälfte des September, wo schon viel über die Kartoffelkrankheit geklagt wurde, trieb mich die Neugierde, mein Versuchsprobestück zu untersuchen. Ich ließ sofort in meinem Beisein einen Korb voll Kartoffeln aushacken, unter denen sich nicht eine einzige kranke vorfand, obgleich dicht daneben, wo das Kraut nicht abgeschnitten war, an jedem untersuchten Stocke mehrere kranke waren. Am 4. Oktober erntete ich auf dem übrigen Theil meines Probestücks, einer 3 □ Klftr. großen Fläche, 61½ Pfund ganz gesunde, sehr schmackhafte und mehlreiche Kartoffeln. Unmittelbar darauf ließ ich dicht neben dem Probestück, wo das Kraut nicht abgeschnitten und die Stengel ganz vertrocknet waren und wie dürres Reisig dastanden, ebenfalls auf einer 3 □ Klftr. großen Fläche die Kartoffeln in meinem Beisein aufnehmen, und bekam hier zwar 74 Pfund Kartoffeln, aber nur 58 Pfund gesunde. Die übrigen 16 Pfund waren meist weichfaul und nicht zu benutzen."

Es sei hier noch erwähnt, daß das Abschneiden des Kartoffelkrautes in vielen Gegenden, wie z. B. am Rhein auch deshalb geschieht, um das Kraut zu verfüttern, was jedoch nicht zu empfehlen ist. Auf Befragen versicherte man mich überall, daß man nie von dem Abschneiden einen Nachtheil in Bezug auf den Ertrag verspürt habe, wohl aber müsse man gleich nach dem Abschneiden nochmals häufeln, um die Schnittflächen der Stöcke mit Erde zu bedecken. Einzelne Landwirthe versicherten sogar, durch das Abschneiden höhere Erträge erhalten zu haben, als von nicht abgeschnittenen Stöcken.

VI. Fehler bei der Ernte der Kartoffeln.

Einen großen Fehler begehen bei der Ernte der Kartoffeln Viele damit, daß sie diese bei nasser, ungünstiger Witterung aufnehmen. Werden nämlich bei feuchtem nassem Wetter die Knollen aus dem Boden genommen, so können sie nicht abtrocknen, und es ist gar nicht anders möglich, als daß sie auch feucht, ja wohl gar naß in den Keller kommen, hier faulen und empfindliche Verluste bereiten. Noch andere lassen die Kartoffeln nicht ordentlich reif werden, was namentlich in solchen Jahrgängen geschieht, wo die Krankheit auftritt. Die Kartoffeln werden halbreif aufgenommen, über Hals und Kopf nach Hause gebracht, in den Keller fest auf- und übereinander geschüttet und bleiben nun ohne jegliche weitere Behandlung liegen. Dann wundert sich der Unverstand noch, wenn die Kartoffeln im Keller faulen, weil er glaubt, wunder wie klug gethan zu haben.

Man hüte sich daher in den Jahren, wo die Kartoffelkrankheit herrscht, sorgsam davor, bei nassem Wetter und außerdem früher die Knollen auszunehmen, bis solche im Boden ihre Reife und eine feste Oberhaut erhalten haben. Nasse Kartoffeln faulen im Keller nur noch schneller, und sind sie dabei noch nicht einmal reif, so ist der Fehler um so bedeutender, und empfindliche Verluste bleiben nicht aus.

VII. Von der Aufbewahrung der geernteten Kartoffeln.

Die geernteten Kartoffeln bewahrt man am vortheilhaftesten in solchen Kellern auf, in denen Asche, gleichviel ob Holz= oder Steinkohlenasche aufbewahrt wird. Alle in dieser Hinsicht gemachten Erfahrungen stimmen darüber überein, daß die Asche das vortrefflichste Aufbewahrungsmittel für die Kartoffeln ist. Pfarrer Fischer sagt hierüber folgendes:

„Wer die Steinkohlenasche im Keller genau beobachtet, wird finden, daß sie kurze Zeit, nachdem sie in den Keller, auch den trockensten, gebracht worden ist, feucht zu werden anfängt. Sie zieht also die Feuchtigkeit des Kellers stark an sich, worüber man sich nicht wundern darf, wenn man weiß, woraus und wie die Steinkohlenasche entsteht. Sie macht also den Keller trocken, und im trocknen Keller müssen die Kartoffeln einen Theil ihres Wassers in Dunstgestalt hergeben."

„Ich besuchte die Keller mehrer Häuser, die seit vielen Jahren wegen der Güte ihrer Kartoffeln berühmt waren, und ich fand, daß sie ihre Steinkohlenasche täglich in den Keller trugen, wodurch also die Austrocknung des Kellers ununterbrochen fortgesetzt wird. Beide Wirthschaften haben auch von Zeit zu Zeit ihre Kartoffeläcker mit Steinkohlenasche versehen. Sie haben nicht etwa besondere Sorten von Kartoffeln; im Gegentheil hat jede Wirthschaft eine eigenthümliche Sorte und baut dermalen noch mehre andere Sorten an; aber ich erinnere mich nicht, gehört zu haben, daß irgend in einem Jahre Kartoffelfäule sich zeigte; im Gegentheil eilen die Käufer alle dahin, wenn sie gute, wohlschmeckende Kartoffeln erhalten wollen, und bezahlen sie um ein Drittel, ja sogar um die Hälfte theurer."

„Von mehren Seiten versicherte man mich, daß selbst in Kellern die Nähe der Steinkohlenasche sehr günstig auf die Erhaltung, ja sogar auf die Besserung der Kartoffeln einwirke. Viele haben nämlich die Ge=

wohnheit, die Steinkohlenasche im Keller aufzubewahren, theils weil sie keinen andern Raum dazu haben, theils weil dieser Raum auch der am wenigsten feuergefährliche ist. Daß die Fäule der daneben liegenden Kartoffeln aufhörte, und daß die Knollen genießbarer wurden, glauben sie nur der Steinkohlenasche zuschreiben zu müssen."

Eine Zeitschrift hat vor Kurzem ebenfalls die Steinkohlenasche als günstig wirkend bei der Aufbewahrung der Kartoffeln gerühmt, indem sie den Rath ertheilte, zwischen die Kartoffeln Steinkohlenasche zu streuen.

Schon das bloße Vorhandensein der Steinkohlenasche im Keller soll eine gute Wirkung auf die Knollen äußern, wenn sie auch mit letzteren in keine unmittelbare Berührung kommt; bessere Wirkung äußert aber die Steinkohlenasche, wenn sie als Unterlage der Kartoffeln in Kellern oder Mieten benutzt wird. Daß das Ueberstreuen mit der Asche noch vortrefflicher und energischer wirken müsse, ist selbstverständlich.

In der illustr. landwirth. Zeitung Jahrgang 1864 findet sich noch folgendes Referat: „Als vor etlichen Jahren die Kartoffelkrankheit besonders stark auftrat und die Kartoffeln selbst noch im Keller faulten, so daß Viele ihre Kartoffeln auf den Düngerhaufen werfen mußten, blieb mein Nachbar von diesem Verluste befreit, trotzdem er über 200 Säcke Kartoffeln gebaut hatte. Er bewahrte sie nämlich in einem Keller auf, der mit einem andern Keller in Verbindung stand, in dem große Vorräthe von Steinkohlenasche aufgehoben wurden. Diese war ganz wahrscheinlich die Ursache der Konservirung der Kartoffeln. In der letzten Zeit haben Mehrere dieselbe Erfahrung gemacht." —

VIII. Kennzeichen für den Stärkegehalt der Kartoffeln.

Diese Kennzeichen bestehen in Folgendem:
1) Rothe Kartoffeln scheinen im Durchschnitt einen etwas höheren Stärkegehalt zu besitzen als gelbe Sorten.
2) Ein derbes Fleisch und eine feste (vielleicht auch zerklüftete) Rinde deuten einen größeren Mehlreichthum an, als die entgegengesetzten Eigenschaften.
3) Tiefliegende Knospenaugen, stark gewölbte Blattkissen, ein konsistenter etwas klebriger Reibeschaum sind — ungeachtet einzelner Ausnahmen — im Allgemeinen Begleiter eines höhern Durchschnittgehaltes an Stärkemehl, als flache „Augen", wenig entwickelte Blattkissen und ein wässeriger Schaum.
4) Die Gesammtform der Knollen, sowie die Farbe des Fleisches scheinen dagegen einen erheblichen Unterschied im Mehlgehalt nicht zu bedingen.

IX. Benutzung der kranken Kartoffeln.

Da die Krankheit erfahrungsmäßig nur den wässerigen, zelligen Bestandtheil der Kartoffel ergreift, das Stärkemehl derselben dagegen von der Krankheit völlig unberührt bleibt, dieses aber eben der wesentlichste und hauptsächlichste nährende Bestandtheil der Kartoffel ist, so ergiebt sich hieraus, daß auch kranke Kartoffeln noch zu verwerthen sind und zum Viehfutter, zur Spiritusfabrikation, ja selbst als menschliches Nahrungsmittel verwendet werden können und es würde also thöricht gehandelt sein, wollte man jede kranke Kartoffel un= genützt wegwerfen.

Die Erfahrung hat gezeigt, daß das Fortschreiten der Krankheit gehemmt wird, sobald die kranke Kartof= fel von der sie umgebenden Nässe befreit wird. Schon der Luftzug und die erwärmenden Strahlen der Sonne vermögen in dieser Beziehung viel. Im Kleinen läßt sich auch ein gelinde erwärmter Backofen benutzen. Die Aufbewahrung kranker Kartoffeln in Asche ist schon erwähnt und empfohlen worden, indem die Asche die Nässe absorbirt und der Pilz eintrocknet. Bei stellen= weise erkrankten Kartoffeln vertrocknet der kranke Theil zu einer korkigen Substanz, während das Uebrige voll= kommen gesund und frisch bleibt. Endlich können auch die kranken Kartoffeln gerieben oder sonst irgendwie recht fein zerkleinert werden, worauf der erhaltene Kartoffel= brei mehrmals mit frischem Wasser übergossen wird, bei welchem Verfahren sich ein völlig geruchloses, gutes und nahrhaftes Stärkemehl zu Boden setzt, das zu allerhand wirthschaftlichen Zwecken verwandt werden kann.

Noch wird in den Annalen der Landw. folgende Methode zur Verwerthung angefaulter oder von der Krankheit bedrohter Kartoffeln empfohlen:

"Die Kartoffeln werden, nachdem sie gewaschen worden, gekocht und dann in eine Grube geschüttet und daselbst sogleich fest eingestampft. Im Thonboden ge= nügt es, eine Grube auszuwerfen; in leichtem Boden ist es zweckmäßig, die Seitenwände und den Boden mit Brettern zu verkleiden oder mit Ziegeln auszumauern, weil sich sonst leicht die Erde mit den Kartoffeln mischen würde. Die Grube muß übrigens eine solche Lage haben, daß sich kein Wasser in derselben findet. Ist die Grube gefüllt und recht festgestampft, so schüttet und stampft man Kleie oder Spreu oder selbst Erde auf, um den Zutritt der Luft zu verhindern, weil sonst die oberste Kartoffelschicht leicht verdirbt. Nach Verlauf von 2—3 Wochen sind die Kartoffeln vollständig durchsäuert und halten sich das ganze Jahr hindurch. Sie werden von Schweinen, vom Rindvieh und Pferden (wahrscheinlich auch von Schafen) sehr gern gefressen. In Verbindung mit Schrot, Staubmehl oder anderen Mühlenabfällen 2c. sind sie ein sehr gutes Mastfutter."

Der verstorbene Landschaftsrath v. Koblank hat diese Methode auf seinem Gute Bärwalde mit großem Vortheil bei seiner Schweinezucht durchgeführt. Da bei ihm jährlich 600—800 Schweine gemästet wurden, so begann in der Regel die Mästung mit solchem Kartoffelfutter, worauf dann die Fütterung mit Erbsen und Bohnen folgte.

In mehreren Wirthschaften in der Nähe von Magdeburg werden die Gruben gewöhnlich zu 1 Wispel Kartoffeln eingerichtet, um eine Grube nicht zu lange offen zu erhalten, weil der Zutritt der Luft schädlich einwirkt. Wesentlich ist das möglichst feste Einstampfen der Kartoffeln. Nach dem Füllen der Gruben wird obenauf eine Lage Stroh gebreitet und auf diese die Erde in einem Hügel aufgefüllt und festgestampft.

X. Welche Behandlung ist dem Acker zu geben, wenn er nach Kartoffeln Wintergetreide tragen soll?

Bekanntlich folgt in der Dreifelderwirthschaft nach Kartoffeln Winterhalmfrucht, die aber in dieser Folge sehr oft mißräth, weshalb obige Frage in landwirthschaftlichen Vereinen sehr oft debattirt worden ist. Ein erfahrener Landwirth empfiehlt folgende Methode:

„So oft ich genöthigt war (denn nur die Noth kann die Fruchtfolge: Kartoffeln, Wintergetreide gut heißen), Winterhalmfrüchte nach Kartoffeln zu bauen, wurde zu den Kartoffeln bereits Anfang Oktober stark gedüngt, der Dünger sofort dem Boden einverleibt und das Kartoffelstück in rauher Furche den Witterungseinflüssen ungefähr 6 Monate lang (Oktober bis April) ausgesetzt. Hierdurch trat stets eine völlige Zersetzung des Düngers ein, der Boden war gut gelockert und die Kartoffelernte reichlich. Gewöhnlich wurde eine etwas früh reifende Kartoffelsorte gewählt, so daß die Kartoffeln schon Anfang September völlig reif aufgenommen werden konnten. Nach der Ernte der Kartoffeln wurde das Stück durch Schafe abgeweidet und tüchtig festgetreten, worauf es gewöhnlich zu Michaeli mit Roggen bestellt und mit einer schweren Ringelwalze gehörig gewalzt wurde. Bei solchem Verfahren lief der Roggen stets gut auf, kam vortrefflich durch den Winter, erhielt dann noch eine Kopfdüngung mit gutem Kompost oder mit Erde vermischtem Guano und lieferte eine gute Ernte.

Nach meinen Erfahrungen behaupte ich, daß nach Kartoffeln nur dann Roggen angebaut werden darf, wenn zu den erstern gedüngt und zwar der Dünger schon vor Winter dem Boden einverleibt werden kann, wenn eine früh reifende Kartoffelsorte gewählt wird und wenn nach der Ernte der Kartoffeln der Boden gehörig festgemacht werden kann. Doch soll die Fruchtfolge: Kartoffeln — Wintergetreide keineswegs von mir gut geheißen werden."

Gropp empfiehlt in der Zeitschrift des landwirthschaftl. Central=Vereins der Prov. Sachsen folgendes:

1) „Ist der Boden sehr leichter Sand, so wird der Acker, welcher Kartoffeln getragen hat, im Herbste nicht wieder gepflügt, sondern gleich nach Abernten der Kartoffeln mit der Krümmeregge oder dem Exstirpator geebnet, der Roggen so frühzeitig wie möglich gesäet; nun der kleinen Egge eingeeggt und dann von den Schafen noch so fest wie möglich getrieben, welche zu gleicher Zeit die darauf sich noch vorfindenden, ausgeeggten Kartoffeln nachlesen. Kann außerdem über die Roggensaat, bevor sie einen Zoll lang gewachsen ist, noch ein halber Hordenschlag gegeben werden, so ist der Erfolg um so günstiger.

2) Für sandigen Lehmboden hingegen hat man eine Pflugart nach der Kartoffelernte geeigneter befunden, unter nachfolgender gleicher Behandlung wie oben in Bezug auf den Sandboden angegeben.

Im Allgemeinen scheint es nothwendig zu sein, daß der Acker, welcher Roggen nach Kartoffeln tragen soll, dicht und fest gemacht werde.

Ob für diesen Zweck eine schwere Walze dasselbe bewirkt, was hier durch Schafe erzielt wurde, darüber liegen noch keine bestimmten Erfahrungen vor.

Lehm und Thonboden, wenn er sonst einigermaßen in Kultur steht, eignet sich hier besser zum Weizen, der dann nach Kartoffeln gute Erträge liefert.

Nach später Beendigung der Kartoffelernte hat sich der Anbau des Sommerroggens besser bewährt, besonders, wenn derselbe rechtzeitig in die Herbstfurche gesäet werden konnte. Indessen kann selbst im December und den übrigen Wintermonaten der Sommerroggen gesäet werden, wenn es irgend nur passendes, offnes Wetter gestattet. Sommerroggen, welcher im December nach Kartoffeln gesäet wurde, gab 2 Körner mehr Ertrag, als der Winter-Brachroggen und 4 Körner mehr, als der im Frühjahr gesäete Sommerroggen." —

XI. Einige erprobte Fruchtfolgen für Kartoffeln aus der Fruchtwechselwirthschaft.

1) **Vierfeld. Umlauf.**
   a) Winterfrucht, gedüngt,
   b) Kartoffeln,
   c) Sommerfrucht, mit Kleeansaat,
   d) Kopfklee.

2) **Fünffeld. Umlauf.**

a) Runkeln, stark ge-   ober a) Brache, gedüngt,
    düngt,
b) Sommergetreide,   b) Roggen,
c) Kopfklee,   c) Kopfklee,
d) Kartoffeln,   d) Kartoffeln,
e) Sommergetreide.   e) Gerste.

3) **Sechsfeld. Umlauf.**

a) Brache, stark ge-   oder a) Runkeln, stark gedüngt,
    düngt,
b) Raps,   b) Schmalz, mit Kleesaat,
c) Roggen,   c) Kopfklee,
d) Kopfklee,   d) Weizen, gedüngt,
e) Kartoffeln,   e) Kartoffeln,
f) Hafer.   f) Hafer.

4) **Achtfeld. Umlauf.**

a) Lupinen,   oder a) Brache, stark gedüngt,
b) Roggen,   b) Raps,
c) Kartoffeln,   c) Winterhalmfrucht,
d) Grünfutter, ge-   d) Kartoffeln,
    düngt,
e) Kartoffeln,   e) Grünfuttergemenge,
                                          gedüngt,
f) Hafer mit Klee,   f) Kartoffeln,
g) Mähklee,   g) Sommerhalmfrucht,
h) Weideklee.   h) Klee.

XII. Notizen über das Verhalten einiger Kartoffelsorten gegenüber der Krankheit.

Versuche haben dargethan, daß im Allgemeinen diejenigen Kartoffelsorten einen größeren Widerstand gegen die Krankheit leisten, die

1) tief liegen, also einen tief gelockerten Boden finden;
2) deren Oberhaut fest und derb ist, was namentlich bei den rothen, rauhschäligen spätern Kartoffeln der Fall ist.

Mehr von der Krankheit heimgesucht werden:
1) alle aus milderem Klima, wie aus Frankreich ꝛc. stammenden Sorten;
2) alle gelben dünnschaligen und stark stärkemehlhaltigen Sorten.

Im Speciellen giebt nachfolgende Tabelle, entnommen aus der Zeitschrift des landw. Central-Vereins der Prov. Sachsen, die gewünschte Auskunft.

Benennung.	Ertrag.		Eigenschaften.			Benutzung.
	pro ☐ R. in Pfund.	pro Magdeb. Morg. in Scheffl. à 100 Pfd.	Reifezeit.	Größe.	Gesundheitszustand.	
a) gelbhäutig, rundlich, gelbfleischig:						
Frühefte, feinfte, volltragende	39	68	Sept.	mittel		feine Speifel.
Circaffienne	40	72	Sept.	do.		do.
Runde frühe engl. Treibf.	42	76	Sept.	do.		do.
Frühe Traubenkartoffel	38	68	Sept.	do.		gute Speifel.
Frühe Londonkartoffel	60	108	Sept.	do.		vorzügliche Speifel.
Frühe Maufekartoffel	40	72	Sept.	do.		gute Speifel.
Braunfchw. Zuckerkartoffel	34	61	Sept.	do.		do.
Holländische Zuckerkartoffel	48	86	Sept.	do.		do.
Rofh-early	38	68	Sept.	do.		do.
Frühe gelbe Heidelberger	54	97	Sept.	do.		feine Speifel.
Frühe volltragende	24	43	Sept.	do.	krank	bis jetzt nicht zu empfehlen
Rabland	34	61	Sept.	do.		gute Speifel.
Frühe von Java	24	43	Sept.	do.		gute mehlreiche Speifel.
Frühe Wachskartoffel	32	58	Sept.	do.	krank	gute Speifel.
Frühe amerikanische	56	101	Sept.	groß		do.
Große weiße amerikanische	30	54	Sept.	do.		ziemlich gute K.
Englische Samenkartoffel	56	101	Sept.	mittel	krank	gute Speifel.
Evate englische	60	108	Oct.	do.		do.

Sament. von Carracas	46	83	Dtt.	do.	do.
Späte von Malta	96	173	Dtt.	groß	do.
Rouge et blanc	30	54	Dtt.	mittel	noch nicht zu empfehlen.
Große runde Zuckerkartoffel	20	36	Dtt.	do.	krank	keine sehr mehlreiche K.
Early pallid american	44	79	Aug.	groß		do.
Neunwochenkartoffel	60	108	Dtt.	sehr gr.		gute Speisek.
Sicilianische bunte	58	104	Dtt.	groß		gut für die Küche.
Shawa early	9	16	Dtt.	do.		do.
Kartoffeln von Gent	54	97	Dtt.	mittel	sehr krank	gute Speisek.
Gelbe Müllerkartoffel	59	106	Dtt.	sehr gr.		zum Essen nicht zu empfehlen; dagegen wohl als Viehfutter zu gebrauchen.
Traubenk. von Darfur	31	56	Dtt.	klein	krank	
Neue Zuttermeded	68	122	Dtt.	sehr gr.		
Große rohe	49	68	Dtt.	do.		
b) gelbhäutig rundlich gelbfleischig:						
Lerchenkartoffel	20	36	Dtt.	mittel	sehr krank	sehr gute Speisek.
c) gelbhäutig, lang, gelbfleischig:						
Quedlinburger Samenk.	34	61	Dtt.	mittel		Küche und Oeconomie.
Heidelberger Nudelkartoffel	33	59	Dtt.	do.		do.
Grübe Zwitter	30	54	Dtt.	do.		do.
Kartoffeln von Einzheim	56	101	Dtt.	groß		Oeconomie.
, Bristol	58	104	Dtt.	do.		do.
Lembers	54	97	Dtt.	do.		do.
Große, weiße Rohan	70	108	Dtt.	sehr gr.		do.
d) gelbhäutig, lang, weißfleischig:						
Liverpooler	37	67	Sep	mittel	krank	Küche und Oeconomie.

— 36 —

Benennung.	Ertrag. pro ☐ R. in Pfund.	pro Magdeb. Morg. in Schffl. à 100 Pfd.	Eigenschaften.			Benutzung.
			Reifezeit.	Größe.	Gesundheits- zustand.	
d) gelbhäutig, lang, weißfleischig:						
Lütticher Bisquitkartoffel	33	59	Sept.	groß		Oekonomie.
Große von Montevideo	40	72	Sept.	do.		do.
e) gelbhäutig, nierenför- mig, gelbfleischig:						
Trübe Mißbeetkartoffel	19	34	Sept.	mittel	krank	feine Speisekartoffel.
Frühlings-Cantaloup	30	54	Okt.	groß		do.
f) rothhäutig, rundlich, gelbfleischig:						
Grube, niedrige, rothe	36	67	Sept.	mittel		Küche und Oekonomie.
Zweijährige	60	108	Okt.	groß		do.
Rothe Neunwochenkartoffel	34	61	Sept.	groß	krank	Küche.
Erdbeerenkartoffel	34	61	Sept.	do.		Speisekartoffel.
Lasoashre pink	52	94	Sept.	sehr gr.		Oekonomie.
g) rothhäutig, rundlich, weißfleischig:						
Hottinger rothe	44	79	Okt.	groß		Speisekartoffel.
Rothe von Lasla	36	67	Okt.	mittel	krank	Küche und Oekonomie.

— 37 —

h) rothhäutig, lang, gelbfleischig:					
Gasaigne	22	40	Sept	mittel	Speisekartoffel.
Kartoffeln von Tournay	48	66	Sept.	groß	Küche und Oekonomie.
Belgische Morgenroth	60	108	Oct.	do.	Oekonomie.
Große Orange	52	94	Oct.	sehr gr.	do.
i) rothhäutig, lang, weißfleischig:					
Milord Mires	42	76	Oct.	groß	Küche.
Early pallid red	24	43	Oct.	sehr gr.	Oekonomie.
Spanische, rothe	70	126	Oct.	groß	Küche und Oekonomie.
Große rothe amerikan.	38	68	Oct.	do.	do.
k) rothhäutig, nierenförmig, gelbfleischig:					
Donna Maria	22	40	Sept.	groß	Speisekartoffel.
l) blauhäutig, rundlich, gelbfleischig:					
Blaumarmorirte	32	58	Aug.	mittel	sehr gute mehlr. Speisek.
Golden potatoe	51	92	Sept.	do.	gute Speisek.
Rauchhäutige, rothblaue	57	103	Sept.	do.	Oekonomie.
m) blauhäutig, rundlich, weißfleischig:					
Trübe, blaurothe Treibk.	59	106	Aug.	mittel	gute Speisek.
Rods bunte	50	90	Oct.	do.	do.
n) schwarzblauhäutig, rundlich, violettfleischig:					
Blauschalige Trüffelkartoffel.	29	5	Dt.	groß	krank Küche und Oekonomie.

Verlag von Bernhard Friedrich Voigt in Weimar.

Fr. Aug. Pinckert, die **Kartoffelnoth** unserer Zeit und ihre Abhülfe. — Oder die Krankheiten der Kartoffeln in ihren verschiedenen Erscheinungen und Kennzeichen, ihren muthmaßlichen Entstehungsursachen und Folgen, sowie ihre Abhülfe durch eine rationelle Kultur und Regeneration der Kartoffeln. gr. 8. 10 Sgr.

Kartoffelbüchlein und Kartoffelkochbuch für Reich und Arm, oder die Kartoffel in ihrer mehrhundertfältigen erprobten Anwendung zu den mannichfaltigsten Suppen, Gemüsen, Zuspeisen, Salaten, Mehlspeisen, Backwerken und andern schmackhaften Zubereitungen, wie auch nach ihrer vielfachen Nutzbarkeit für den Viehstand und bei technischen Gewerben, namentlich zu Grütze, Sago, Brod, Butter, Käse, Bier, Wein, Kaffee, Seife, Lichter und andern menschlichen Bedürfnissen. V i e r t e sehr vermehrte Auflage. 12. Geh. 10 Sgr.

Heinr. Ludowig, die **Bierbrauerei aus Kartoffeln,** oder ausführliche auf Erfahrung und Wissenschaft gegründete Anweisung der verschiedenen Bereitung vorzüglich guter Kartoffelbiere. Z w e i t e vermehrte Aufl. Mit 6 Abbildungen. 8. Geh. 10 Sgr.

F. C. A. Bergmann, das **Ganze der Stärke- und Puderfabrikation** aus Weizen, Kartoffeln, Roßkastanien und vielen andern Früchten und Wurzeln, nach den besten jetzt in Deutschland, Frankreich und England üblichen Verfahrungsarten mit Benutzung der neuesten Entdeckungen und Erfahrungen, sowie der damit vortheilhaft zu verbindenden Fabrikation von Kartoffelmehl, Kartoffelgrieß, Kartoffelsago, kleberhaltigen Graupen, Makkaroni-Nudeln und kleberhaltigem Mehl zu Suppen und Saucen, von Stärkegummi, Stärkezucker und Oxalsäure. V i e r t e vermehrte und verbesserte Auflage von Karl Rau. Mit einem Atlas von 80 Figuren. 8. Geh. 1 Thlr.

A. Laubinger, einfache und populäre Darstellung der Drainage als Grundlage der neuern Landwirthschaft, oder genaue und ausführliche Beschreibung ihrer praktischen Ausführung auf die leichteste und beste Art. Ein nothwendiges Hand- und Hülfsbüchlein für jeden praktischen Landwirth oder Bauersmann, der seine Felder selbst drainiren will. Mit 32 Figuren auf 8 Tafeln. 8. Geh. 7½ Sgr.

A. Laubinger, das rationelle Düngerwesen als das beste Mittel gegen Bodenverarmung. Ein nothwendiges Hand- und Hülfsbüchlein für jeden praktischen Landwirth und Bauersmann, der von seinem Lande und Dünger den größten Nutzen ziehen will. 8. Geh. 6 Sgr.

Fr. Ferd. Fischer, der Bierbrauproceß in seinen auf einander folgenden Stadien, entwickelt durch eine populär vorgetragene Theorie der chemischen Grundsätze, auf welche bei dem gewöhnlichen Brauverfahren sich die Herstellung eines jeden Bieres gründet. Ein Versuch, dem empirisch-praktischen Brauer das Wie und Warum, die Ursachen und Wirkungen aller beim Bierbrauen vorkommenden Verrichtungen theoretisch aufzuklären. Zweite vermehrte Auflage. Geheftet. 5 Sgr.

Heinr. v. Gerstenbergk, Geheimnisse und Winke für Braumeister und Brauherren, sowie auch für Gastgeber und Schankwirthe, zur gewinnreichen Betreibung ihres Geschäftes, bestehend in einer genauen Angabe sämmtlicher Regeln und Vortheile, welche beim Brauen zu beachten sind, um ein preiswürdiges Bier zu gewinnen, sowie auch in einer reichhaltigen Sammlung erprobter und bisher geheim gehaltener Recepte, das Sauer- und Schalwerden des Bieres zu verhüten, schon in Säure übergegangenes Bier auf Fässern und Flaschen zu entsäuern und bereits schal gewordenem Biere seinen ursprünglichen Wohlgeschmack wiederzugeben; nach dem Fasse schmeckendes Bier vollkommen von seinem Beigeschmacke zu befreien; trübes Bier zu klären; die Haltbarkeit des Bieres im Sommer zu bewirken; das Moussiren oder Schäumen des auf

Flaschen und Krüge gefüllten Bieres zu vermehren und zu beschleunigen; leichtes Bier an Wohlgeschmack und Geist den renommirtesten Lagerbieren täuschend ähnlich zu machen; jedes Bier zu veredeln; verschiedene Sorten köstlicher Pracht= und Tafelbiere zu bereiten, Flaschenbier schnell reif zu machen; das Zerspringen der Bouteillen sicher zu verhüten 2c. Dritte sehr vermehrte Auflage. Mit 28 Abbildungen. 8. Geh. 15 Sgr.

Heinr. Creuzburg, Theorie und Praxis der Bierbrauerei, dargestellt in kurzen leichtfaßlichen Sätzen. Enthaltend neben theoretischer Belehrung über alle Brauoperationen, eine Uebersicht über sämmtliche Braumethoden; — mancherlei Geschäftsvortheile; — Gebrauch des Sacharometers; — Spunden und Kräuseln des Bieres; — das höchste Gebot des Bierbrauers; — Faßglasur und Faßlack und deren Vortheile; — Bierkrankheiten und deren mögliche Verhütung und Heilung; — Konservirung des Lagerbiers; — Verfeinerung des Biergeschmacks; — Bierbrauersünden 2c. 2c. Ein Rathgeber in allen Verlegenheiten und sonstigen in diesem Geschäfte vorkommenden Fällen. Für Bierbrauer, denen an Fortschritt und Sicherheit in ihrem Geschäfte gelegen ist. 8. Geh. 15 Sgr.

Heinr. Gauß, der Hühner= oder Geflügelhof in seinem weitesten Umfange, sowohl zum Nutzen als zur Zierde, enthaltend: eine praktische Anleitung, die Zucht der Hühner, Gänse, Enten, Truthühner, Tauben u. s. w. mit Nutzen zu betreiben, sowie diejenigen der in= und ausländischen Ziervögel, namentlich der Schwäne, Pfauen, Fasanen, Perlhühner 2c. Nebst naturgeschichtlichen und anderen Notizen über Eigenschaften und Gewohnheiten dieser Vögel, den Eierhandel, die künstliche Ausbrütung der Eier, die Hahnenkämpfe und den Bau von Geflügelhäusern. Dritte Auflage, wesentlich umgearbeitet, berichtigt und ergänzt von Robert Oettel, Stifter und Präsident des hühnero=

logischen Vereins in Görlitz, Redakteur des hühnerologischen Monatsblattes von 1857—1862. Mit Titelbild und 38 naturgetreuen Abbildungen. gr. 8. Geh. 1 Thlr. 7½ Sgr.

Heinr. Creuzburg, die Vertilgung der Raupen und schädlichsten Insekten überhaupt. Prüfung der bisher bekannten Mittel gegen schädliche Insekten; — Unzulänglichkeit der meisten derselben; — Trost- und Hülflosigkeit bei vorkommendem großartigen Raupenfraß in Wald und Feld. Angabe vieler neuer energisch wirkender Mittel, um den Verheerungen der Raupen, Käfer ꝛc., wenn sie in Waldungen, Feldern, Wein- und Obstplantagen ꝛc. in Masse auftreten, kräftig zu begegnen und schleunig ein Ende zu machen. Neue Mittel gegen Hausinsekten, Kornwurm, Motten, Holzwurm, Flöhe, Wanzen ꝛc., sowie gegen die Plagen der Bremen, Bremsen (und deren Engerlinge), Schnaken ꝛc. an Mensch und Vieh. Zur Beachtung für jede Land- und Hauswirthschaft, für land- und forstwirthschaftliche Vereine, Forstbehörden, Wein- und Obstproducenten ꝛc. 8. Geh. 18 Sgr.

A. König, Entwürfe zu ländlichen Wohngebäuden oder Häusern für den Bauer, Arbeiter und Handwerker auf dem Lande, mit den dazu erforderlichen Stallungen, sowie unter Berücksichtigung anderer, auf dem Lande vorkommenden Gebäude, als Backhäuser, Darren, Brauhäuser, Branntweinbrennereien, Ziegeleien, Bienenhäuser, Taubenhäuser ꝛc. Nebst der ausführlichen Angabe des zu deren Erbauung nothwendigen Aufwandes an Materialien und Arbeitslöhnen. 1. Heft. — 12 Tafeln. (Wird fortgesetzt.) gr. 4. Geh. 1 Thlr.

J. Fontenelle, Handbuch der Essigfabrikation und Senfbereitung. Vierte Auflage, vollständig umgearbeitet und mit den bewährtesten neuern Erfahrungen vermehrt von Stephan Gilbert. Mit 3 Taf., enthält 34 Abbildungen. 8. Geh. 25 Sgr.

J. Hartwig, praktisches Handbuch der Obstbaumzucht, oder Anleitung zur Anpflanzung, Heranbildung und Abwartung des Kern-, Stein- und Beerenobstes als Hochstamm und in Pyramiden-, Kessel-, Busch-, Säulen-, Spalier- und Gegenspalier- und in Guirlandenform, um auf einem kleinen Raume einen großen Fruchtertrag zu erzielen. Für Gärtner, Gutsbesitzer, Landwirthe, Geistliche, Schullehrer und Freunde des Obstbaues. Nach der 2ten Auflage von Raoul „Manuel pratique d'arboriculture" und der 8ten Auflage von Rivers „the miniature fruit garden" übersetzt und unter Berücksichtigung unserer klimatischen Verhältnisse bearbeitet. Mit 10 Tafeln Abbildungen. gr. 8. Geh. 1 Thlr.

J. Hartwig, der Küchengarten oder Anlage und Einrichtung des Küchengartens und Kultur der zum Küchengebrauche dienenden Gewächse, oder Gemüse und Gewürzkräuter. Mit 35 Abbild. auf 5 Tafeln. gr. 8. Geh. 1 Thl. 7½ Sgr.

J. Hartwig, die Gemüsetreiberei oder das Treiben der zum Küchengebrauche dienenden Gewächse, als der Gemüse und Gewürzkräuter in Mistbeeten, Treibkästen und Treibhäusern mit Anwendung der Warmwasserheizung. Für Gärtner und Gartenfreunde nach den neuesten Erfahrungen. Mit 11 Abbildungen. gr. 8. Geh. 22½ Sgr.

G. Kirsten, vollständiges Wörterbuch der Bienenkunde und Bienenzucht; ein Hand- und Hülfsbuch zur Belehrung in allen vorkommenden Fällen für Bienenwirthe und Bienenfreunde. Nebst einem Anhange, enthaltend die Abbildung und Beschreibung eines einfachen und wohlfeilen Dampfapparates zur Gewinnung des reinen Honigs und Wachses. Zweite, bis auf die neueste Zeit ergänzte Auflage. Mit 1 Tafel. 8. Geh. 25 Sgr.

Druck von B. F. Voigt in Weimar.